Meiner Frau gewidmet

Finze, Wolfgang: Schießen mit preußischen Zünd-nadelgewehren : Tipps zur Handhabung, Pflege und zur Munition. - 1. Auflage. – Norderstedt : Books on Demand, 2018. - 56 S.

Herstellung und Verlag: BoD – Books on De-mand, Norderstedt.
ISBN: 9783752812305

Inhalt

Vorwort

Auch wenn die großen Schützenverbände wie DSB oder BDS keine Disziplinen für Zündnadelgewehre anbieten, kann man doch mit diesen Gewehren sportlich schießen. Es gibt viele Pokalschießen und natürlich auch Deutsche Meisterschaften. Die werden seit 2003 vom Schützenverein „Nicolaus v. Dreyse" in Sömmerda ausgerichtet, und zwar in der Regel am letzten Wochenende im April. Dabei wird (in unterschiedlichen Wertungen) auf Entfernungen von 50m und 100m geschossen.

Wer sich für das Zündnadelgewehr-Schießen interessiert, sollte zu diesem Termin nach Sömmerda fahren, denn es gibt keine bessere Gelegenheit, Erfahrungen auszutauschen, Tipps und Tricks zu sammeln. Und da es, sofern man sich anmeldet, dort auch Leihwaffen und Munition (zum Verbrauch auf dem Stand) gibt, spricht auch für Interessenten, die (noch) kein eigenes Zündnadelgewehr besitzen, nichts gegen einen Besuch in Sömmerda.

Weitere Wettbewerbe mit Zündnadelgewehren gibt es z.B. in Bückeburg, Jügesheim (Schützenverein "SV Diana 1910" e.V. in 63110 Rodgau-Jügesheim), Maulbronn (Süddeutsches Papierpatronenschießen) und beim Warburg Zündnadel-Cup (Schieß-Sportverein Warburg e.V.).

Rostock, im März 2018

Wolfgang Finze

Zündnadelgewehre – die Geschichte

Der Erfinder der Zündnadelgewehre ist Nikolaus (auch Nicolaus) Dreyse. Er wurde am 20.11.1787 in Sömmerda geboren, erhielt wegen seiner Verdienste 1864 den erblichen Adel (danach von Dreyse) und starb am 09.12.1867 in Sömmerda.

Dreyse experimentierte seit 1827 mit der Nadelzündung. Der Durchbruch gelang 1836, als er, lange vor Sharps, einen militärisch brauchbaren Hinterlader mit gezogenem Lauf entwickelte. Durch die in diesem Gewehr verwendete Patrone, die in ihrer Papierhülle nicht nur Geschoss und Ladung, sondern auch das Zündmittel enthielt, war seine Konstruktion anderen zeitgenössischen Hinterladern, bei denen immer noch ein Zündhütchen aufgesetzt werden musste, um mindestens zwei Jahrzehnte voraus.

Nach Verbesserungen und Truppenversuchen führte Preußen 1841 dieses Gewehr ein. Dreyse verkaufte seine Patente an den preußischen Staat, der die Zündnadelgewehre sofort zum Geheimnis erklärte und sich außerdem entschieden hatte, langfristig seine gesamte Armee mit gezogenen Hinterladern zu bewaffnen. Das zu einer Zeit, in der die Armeen anderer Staaten noch fast ausschließlich glattläufige Vorderlader führten.

Erste Bewährungsproben für die Zündnadelgewehre gab es 1849, und zwar bei der Niederschlagung des badischen Aufstands, den Barrikadenkämpfen in Dresden sowie beim Einsatz von fünf Füsilierbataillonen in Schleswig-Holstein.

Preußen nutzte die folgenden Jahre, um die Ausbildung der Armee an die Möglichkeiten der Waffen anzupassen. Dreyse schuf weitere Gewehrmodelle, und auch die Kavallerie erhielt 1857 einen Karabiner mit Nadelzündung. Um 1860 führten alle aktiven Einheiten Zündnadelgewehre.

Ende 1855 wurde eine Patrone mit einem neuen Geschoss entwickelt, dem „preußischen Langblei". Diese Patrone hatte eine größere Reichweite und eine flachere Flugbahn als ihre Vorgängerin und wurde in den Kriegen 1864, 1866 und 1870/71 verwendet.

Bereits 1866 erhielt die preußische Gewehrprüfungskommission vom König den Auftrag, einen Nachfolger für die Zündnadelgewehre zu suchen. Bis dahin sollte als Übergangslösung die Leistung der Gewehre verbessert werden. Im Juni 1868 legte der Spandauer Fabrikkommissar Beck dazu einen entsprechenden Vorschlag vor und der König ordnete nach vorangegangenen Truppenversuchen am 10.03.1870 die Umänderung aller geeigneten Zündnadelwaffen nach dem System von Beck an (Beck'sche Aptierung).

Anfang 1872 hatte man sich dann auf ein Nachfolgemodell geeinigt - das von den Brüdern Mauser entwickelte Gewehr M/71. Die Umstellung auf das neue Gewehr begann 1873, die letzten aktiven Regimenter gaben 1876 ihre Zündnadelgewehre ab. Die Zündnadelgewehre wurden noch einige Jahre als Reserve für die Bewaffnung der im Kriegsfall aufgebotenen Landwehr eingelagert.

Die Marine, die auch Zündnadelwaffen benutzte, begann erst 1875 mit der Umstellung. Als letzte gaben 1884 die Werftdivisionen ihre Zündnadelgewehre ab.

Damit war die Ära der Zündnadelgewehre zu Ende.

Zündnadelgewehre – die Technik

Das Zündnadelgewehr ist ein Hinterlader mit Zylinderverschluss, aus dem Papierpatronen verschossen werden. Die Patronen enthalten nicht nur Treibladung und Geschoss, sondern auch das Zündmittel. Das unterscheidet sie von Perkussionshinterladern wie den Sharps-Modellen 1859 oder 1863 bzw. den bayerischen Podewils-Gewehren.

Funktionsweise

Alle preußischen Zündnadelgewehre haben ein Norm-Feldkaliber von 15,43mm und einen vierzügigen Lauf mit Rechtsdrall (Drall-Länge 732mm) und 6mm breiten und 0,78mm tiefen Zügen. Ab 1857 wurden die Läufe aller Zündnadelgewehre aus Guss-Stahl gefertigt und auf der Laufoberseite mit „STAHL" gekennzeichnet.

Das Patronenlager der Gewehre und Büchsen ist etwa 43,5mm lang und hat einen Durchmesser von 17,52mm. Der konische Übergang zum Lauf (der Übergangskegel) ist etwa 1,7mm lang.

Der Verschluss des Zündnadelgewehrs besteht aus drei ineinander liegenden Hohlzylindern, der Kammer, dem Schlösschen und dem Nadelbolzen. Das Schlösschen befindet sich in der Kammer, im Schlösschen der Nadelbolzen. Die Kammer (das Schloss) verriegelt einseitig mit dem Fuß des Kammerstengels gegen das Systemgehäuse. Die Anlagefläche ist leicht geneigt. Wird die Kammer geschlossen, wird der Fuß des Kammerstengels gegen diese Fläche gepresst, drückt so den Hülsenmund auf das Laufmundstück und dichtet den Verschluss ab. Bei Karabinern M/57 und den mit dem Kurzsystem ausgestatteten Gewehren wird der vordere Teil des Verschlusses dagegen wasserspundartig in das Laufmundstück gepresst und sorgt so für die Abdichtung. Das Innere des Verschlusskopfes ist hohl und bildet die Luftkammer, die dazu dient, nicht verbrannte Reste der Patrone aufzunehmen. In der Luftkammer ist das Nadelrohr angeordnet, das die Nadel führt.

Karabiner haben keine Luft- sondern eine Kompressionskammer, später gefertigte Waffen mit Kurzsystem (z.b. Pioniergewehre) weisen wieder eine (allerdings verkürzte) Luftkammer auf.

Beim Schuss schnellt der durch die Spiralfeder getriebene Nadelbolzen mit der Zündnadel nach vorn. Die Zündnadel durchdringt die Ladung, sticht dann in den Zünder und entzündet ihn. Nun beginnt die Treibladung zu verbrennen, der dabei entstehende Druck schiebt den Treibspiegel, der auf seiner Vorderseite das Geschoss trägt, aus dem Lauf.

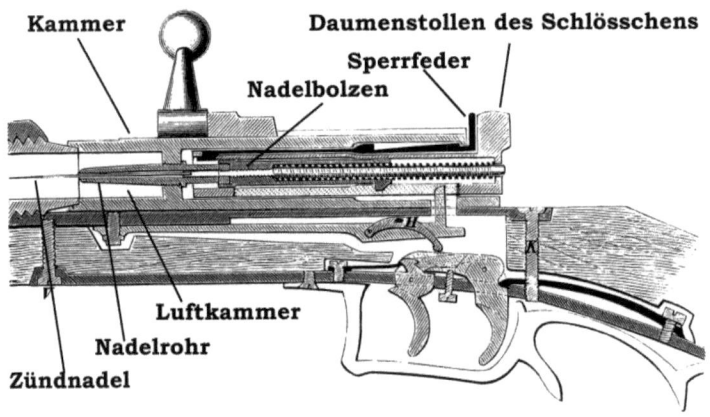

Beschriftete Zeichnung des Verschlusses einer Büchse M/65[1]

---

[1] Quelle der unbeschrifteten Abbildung: Schott: Grundriss der Waffenlehre. - 3. Auflage. - Leipzig; Darmstadt: Zernin, 1876.

Die Luftkammer im Verschlusskopf und das Nadelrohr

Dreyses ursprüngliche Konstruktion ist nicht völlig dicht; am Verschluss kann Gas ausströmen. Das nach vorn gerichtete Kammermundstück bei Gewehren und Büchsen sorgt aber dafür, dass eventuell ausströmendes Gas den Schützen nicht belästigen oder verletzen kann. Um auszuschließen, dass Gas an der Nadel vorbei in Richtung des Schützen ausströmt, ist vorn auf dem Nadelbolzen eine Dichtung angebracht.

Nadelbolzen einer Büchse M/65 mit eingesetztem Dichtelement

Nach 1871 wurde der Verschluss der Zündnadelgewehre M/60 und M/62 sowie der Büchsen M/65 nach einem Vorschlag des Spandauer Werkmeisters Beck verändert (aptiert) und war nun gasdicht. Bei der Änderung wurde das Nadelrohr abgeschnitten

und die Luftkammer mit einem Stahlzylinder ausge-
füllt. Durch diesen Zylinder wurde ein bewegliches
Nadelrohr geführt. Es trug vorn eine Stempelplatte,
hinter der ein Kautschukring lag. Bei geschlossenem
Verschluss befanden sich die Stempelplatte und der
Kautschukring im hinteren Teil des Patronenlagers.

Beim Schuss drückten die Pulvergase die Stempelplatte gegen den Kautschukring, der dabei zusam-
mengedrückt wurde und den Raum zwischen Laufan-
satz und Stempelplatte verschloss.

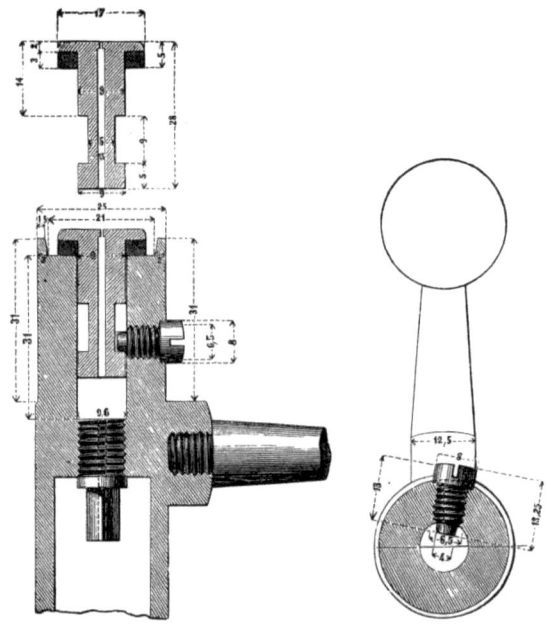

Details zur Änderung (Aptierung) des Verschlusses[2]

---

[2] Weygand: Infanterie-Präzisionswaffen. - Leipzig: Buchhandlung für Militairwissenschaften, 1872.

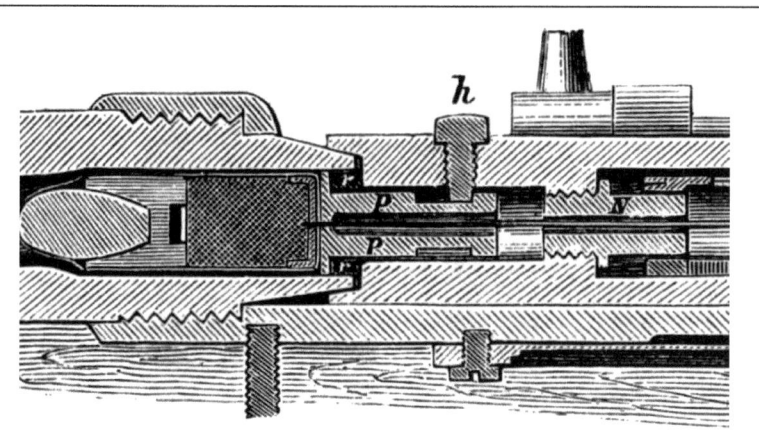

Schnitt durch Verschluss und Patronenlager eines aptierten Gewehrs[3]. Die „Beck´sche Schraube" (h) hält das Nadelrohr (P) mit der Stempelplatte und der dahinter liegenden Kautschukscheibe (r). Eine Patrone (gut zu erkennen: der verstärkte Boden der Hülse) liegt im Lager, die Nadel ist auf dem Weg zur Zündpille.

Verschlusskopf eines aptierten Gewehrs. Die Luftkammer ist entfallen

---

[3] Schott: Grundriß der Waffenlehre. - 3. Aufl. - 1876.

Aptierte Gewehre lassen sich schon äußerlich sofort an der oben auf dem Verschluss sichtbaren „Beckschen Schraube" erkennen.

Beck´sche Schraube auf der Kammer einer aptierten Büchse M/65

Solche Gewehre schießen sich, da gasdicht, zwar angenehmer, sind aber auch nicht präziser als nicht geänderte Waffen.

Bei der Büchse M/65 waren Lauf und Systemgehäuse brüniert, bei den Gewehren M/60 und M/62 war es nur der Lauf, während das Gewehr M/41 nicht brüniert war. Der Verschluss (die Kammer) war bei keinem Modell brüniert.

Die Zündnadel

Es gibt drei unterschiedlich lange Zündnadelsysteme. Infanteriegewehre M/41 und M/62 sowie das Füsiliergewehr M/60 haben ein langes System. Die Büchse M/65 hat ein System mittlerer Länge, während bei den Karabinern M/57, den Pioniergewehren sowie den Defensionsgewehren kurze Systeme verwendet wurden.

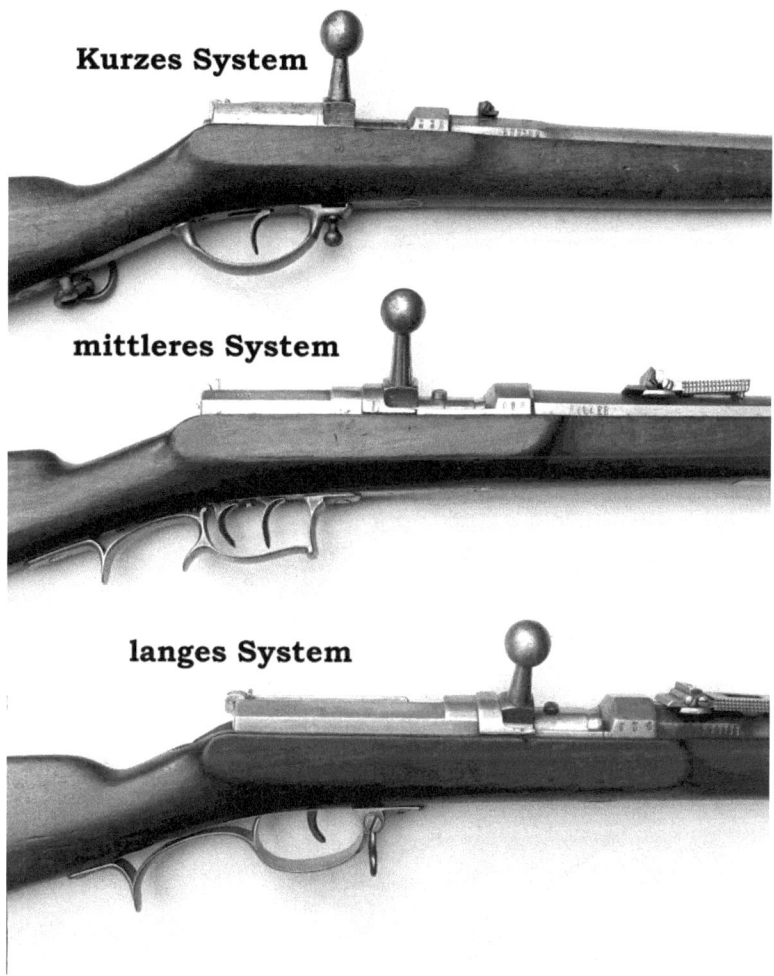

Kurzes System

mittleres System

langes System

Die unterschiedlichen Systemlängen im Vergleich

Zu jedem System gehört eine Nadel passender Länge. Ist die Nadel zu kurz, zündet die Patrone nicht, ist sie deutlich zu lang, wird sie sich verbiegen oder sie wird brechen.

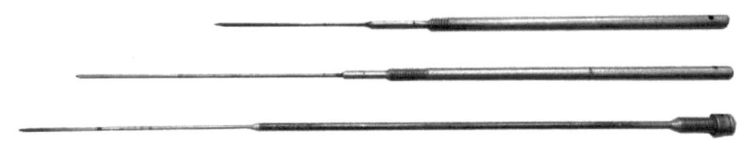

Oben die Nadel für ein kurzes, darunter die Nadel für ein mittleres und unten die Nadel für ein langes System

Die Zündnadel setzt sich aus dem Nadelschaft (mit dem Gewindeteil) und der eigentlichen Nadel zusammen. Die Nadel besteht aus federhartem Stahldraht von etwa 1,2mm Durchmesser. Ihr hinterer Teil ist weich in den Schaft gelötet, der vordere Teil läuft auf einer Länge von etwa 2-3 mm in einer Spitze aus. Bricht die Nadel, kann das noch im Schaft steckende Stück ausgelötet und ohne größere Probleme eine neue Nadel in den Schaft gelötet werden.

Die Länge einer neuen Nadel muss an die Waffe angepasst werden. Dazu hat jedes Gewehr auf der rechten Seite des Systems einen deutlich sichtbaren senkrechten Strich (Nadelmarke), der die korrekte Nadellänge angibt.

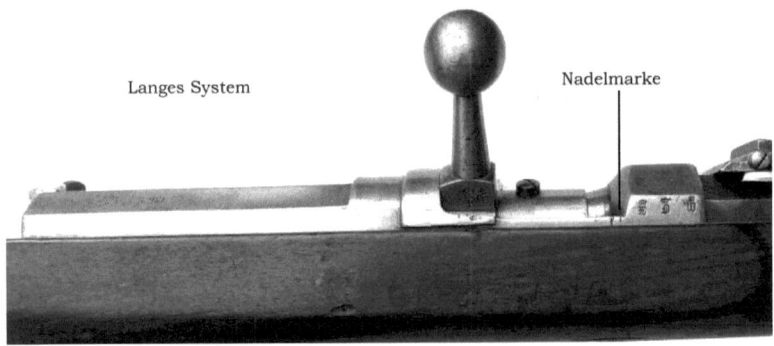

Langes System   Nadelmarke

Nadelmarke bei einem langen System (Füsiliergewehr M/60, aptiert nach Beck)

Mittleres System   Nadelmarke

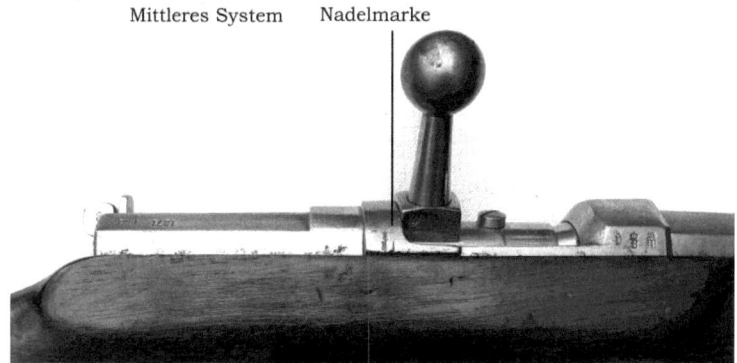

Nadelmarke bei einem mittleren System (Büchse M/65, aptiert nach Beck)

Zum Einstellen der korrekten Länge wird die Nadel auf das System gelegt. Das Ende des Gewindes des Nadelträgers schließt mit dem hinteren Systemende ab. Die Nadelmarke zeigt die korrekte Länge der Nadel.

Nadel einer Büchse M/65 mit annähernd korrekter Länge

Ist die Marke bei stark überarbeiteten Waffen nicht mehr zu finden, sollte die Nadel so lang sein, dass sie bei gespanntem Schloss gerade noch aus der Stempelplatte bzw. dem Nadelrohr ragt.

Das Visier

Zündnadelgewehre haben ein spitzes Dachkorn.

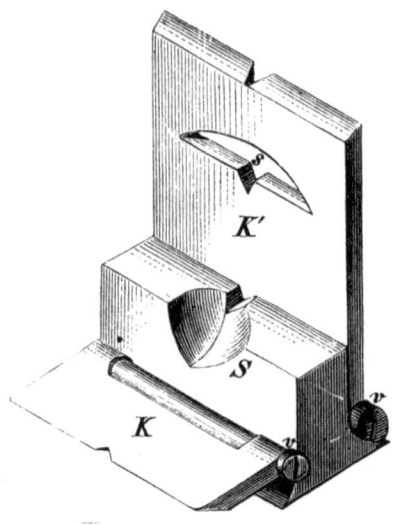

Preußisches Klappenvisier

Beim Gewehr M/41 ist es auf dem Oberring angeordnet, bei den Gewehren M/60 und M/62 ist es auf den Lauf gelötet. Bei der Büchse M/65 ist das Korn im Schwalbenschwanz verschiebbar.

Preußische Zündnadelgewehre hatten Klappkimmen. Bei den Infanteriegewehren M/41 und M/62 sowie dem Füsiliergewehr M/60 bestand das Visier aus dem Standvisier und zwei Klappen. Bei der Büchse M/65 kamen noch zwei Klappen dazu, so dass das Visier, neben der Standkimme insgesamt 4 Klappen aufwies.

Visier eines nicht aptierten Gewehrs M/62

Gleichzeitig mit der Änderung des Verschlusses wurde auch ein neues Visier montiert. Die vor dem Standvisier liegende große Klappe (bzw. bei der Büchse die vor dem Standvisier liegenden beiden Klappen) wurden entfernt und durch ein Schiebervisier ersetzt.

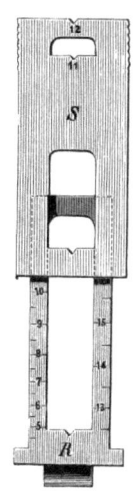

Bei aufgestelltem Schieber war seine Kimme auf die Entfernung von 400m eingestellt. Der Schieber ließ sich in Schritten zu 50m bis 800m einstellen. Die Kimme oben auf dem Schieber war für die Entfernung von 900m bestimmt. Wurde der Schieber weiter aufgezogen, ließen sich Schussentfernungen bis 1200m einstellen.

Visier eines aptierten Gewehrs M/62

Das Visier der Gewehre M/60 und M/62 wurde gleichzeitig auf folgende Entfernungen eingestellt [4]:

---

[4] Nachtrag zum Leitfaden zum Unterricht in der Kenntniß und Behandlung des Zündnadel-Gewehrs ... betreffend die aptierten Zündnadelwaffen. – Berlin: 1872.

- Standvisier   200 m
- Kleine Klappe   300 m

Bei der Büchse M/65 wurden die Klappen eins und zwei so eingestellt:

- Standvisier   186 m
- Erste Klappe   264 m
- Zweite Klappe   342 m

Verschleißteile

Das wichtigste Verschleißteil ist die Dichtung auf dem Nadelbolzen. Sie hält in der Regel mehrere hundert Schuss aus. Als Dichtung wird eine Gummischeibe verwendet.

Bei aptierten Gewehren gehört auch die Scheibe hinter der Stempelplatte zu den Verschleißteilen. Die Scheibe besteht aus dem gleichen Material wie die Dichtplatte am Nadelbolzen.

Rechts Scheibe für den Nadelbolzen, links Scheibe für die Stempelplatte bei aptierten Gewehren

Im weiteren Sinne gehört auch die Nadel zu den Verschleißteilen. Es ist aber ein Märchen aus uralter Zeit, dass Nadeln bereits nach wenigen Schüssen ausgeglüht oder unbrauchbar geworden sind. Nadeln korrekter Länge halten ohne irgendwelche Probleme mehrere hundert Schuss aus. Trotzdem sollte man, gerade wenn man zu einem Wettbewerb fährt, immer eine Reservenadel und passende Gummischeiben dabei haben.

Dichtelemente (Gummischeiben) sind handelsüblich, Adresse unter „Wer liefert was".

Laden

Zum Laden sind fünf Schritte erforderlich.

1.Schritt: Sperrfedergriff (2) nach unten drücken und das Schlösschen mit dem Daumenstollen(1) bis zum Anschlag nach hinten ziehen.

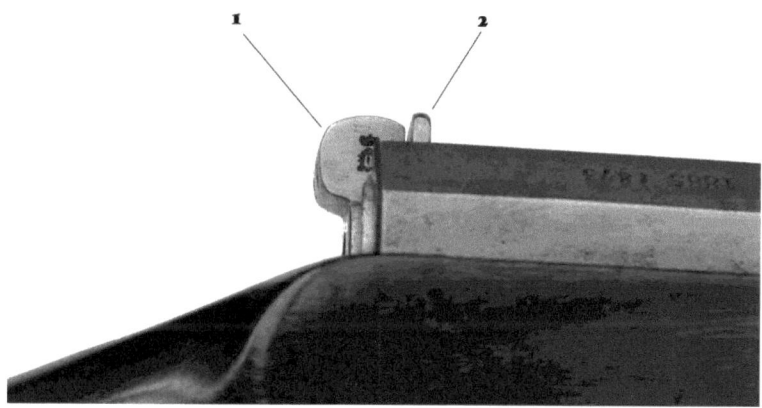

2.Schritt: Kammerstengel eine Vierteldrehung nach links drehen und den Verschluss bis zum Anschlag nach hinten ziehen.

3.Schritt: Patrone in die Kammerbahn einlegen und nach vorn ins Patronenlager schieben. Es fördert die Präzision, wenn die Patrone mit dem Daumen soweit wie möglich ins Patronenlager geschoben wird.

Patrone eingelegt und teilweise ins Patronenlager geschoben

4.Schritt: Verschluss nach vorn schieben und mit einer Vierteldrehung des Kammerstengels nach rechts verriegeln. Bei nicht aptierten Waffen muss der Verschluss kräftig geschlossen werden.

5.Schritt: Schlösschen mit dem Daumenstollen bis zum Anschlag nach vorn schieben, bis es einrastet. Die Waffe ist jetzt schussbereit. Der Nadelschaft (1) ist bei den Gewehren M/41, M/60 und M/62 sichtbar und zeigt an, dass die Waffe schussbereit ist.

Bei der Büchse M/65 ragt der Nadelschaft bei gespanntem Verschluss weit aus dem Schlösschen

Zündnadelgewehre besitzen keine Sicherung. Um die Schussbereitschaft aufzuheben, muss der Sperrfedergriff nach unten gedrückt und das Schlösschen mit dem Daumenstollen bis zum Anschlag nach hinten gezogen werden. Soll wieder Schussbereitschaft hergestellt werden, ist das Schlösschen mit dem Daumenstollen bis zum Einrasten nach vorn zu schieben.

Soll die Waffe entladen werden, wird der Verschluss geöffnet, und, von der Mündung aus, die Patrone mit dem Entladestock vorsichtig aus dem Patronenlager geschoben und mit der Hand aufgefangen, damit sie nicht aus Versehen auf die Nadel fällt und im schlimmsten Falle zündet.

Heute ungewohnt ist, dass der Kammerstengel bei korrekt geschlossenem Verschluss etwa bei „ein Uhr" steht.

**Aus Sicht des Schützen betrachtet: Korrekt geschlossener
Verschluss**

Bis auf die mit einem Stecher versehene Büchse
M/65 haben alle Zündnadelgewehre einen Druck-
punktabzug. Wird der Abzug gezogen, gibt er den Nadelbolzen frei, die Nadel wird von der Feder nach vorn
getrieben, durchsticht die Ladung, trifft auf das Zündelement und zündet sie; der Schuss bricht.

Nach dem Schuss liegen die nicht verbrannten Reste
der Patronenhülse in der Luftkammer bzw. bei aptierten Gewehren im Patronenlager. Beim Militär war es
üblich, im Patronenlager liegende Reste mit der

nächsten Patrone nach vorn zu schieben. Für einen präzisen Schuss ist es aber besser, die Hülsenreste vor dem Einlegen der nächsten Patrone aus dem Lager zu entfernen. Meist reicht es dafür aus, kräftig in die Mündung zu blasen. Sollte das nicht ausreichen, kann man die Reste mit einem aus Draht gebogenen kleinen Haken aus dem Lager entfernen.

Reinigung und Pflege

Nach dem Schießen müssen Zündnadelgewehre gründlich gereinigt werden, genau wie andere Schwarzpulver-Hinterlader auch.

Zuerst wird die Kammer (der Verschluss) aus der Waffe genommen, zerlegt und gereinigt. Um den Verschluss zu entnehmen, wird er geöffnet und nach hinten gezogen. Nun wird der Abzug vollständig (also bis es wirklich nicht weiter geht) durchgezogen, der Verschluss eine Achteldrehung nach rechts gedreht und bei gedrücktem Abzug aus der Waffe gezogen. Ist das nicht möglich, wurde der Abzug noch nicht weit genug durchgezogen.

Zum Zerlegen des entnommenen Verschlusses wird das Schlösschen im Uhrzeigersinn in die Position „7 Uhr" gedreht und nach hinten aus dem Verschluss gezogen. Eventuell muss dabei die Sperrfeder leicht gedrückt werden. Bei aptierten Waffen wird nun die Schraube am Verschlusskopf gelöst und das bewegliche Nadelrohr nach vorn aus dem Verschluss gezogen.

Beim Reinigen sollten alle Schwarzpulver-Rückstände entfernt werden, und zwar auch die nicht sichtbaren Rückstände im Nadelrohr. Am besten spült man dazu das Nadelrohr mit Wasser durch. Dafür gut geeignet ist z.B. eine mit Wasser gefüllte Einwegspritze. Zum Trocknen eignen sich handelsübliche Pfeifenreiniger.

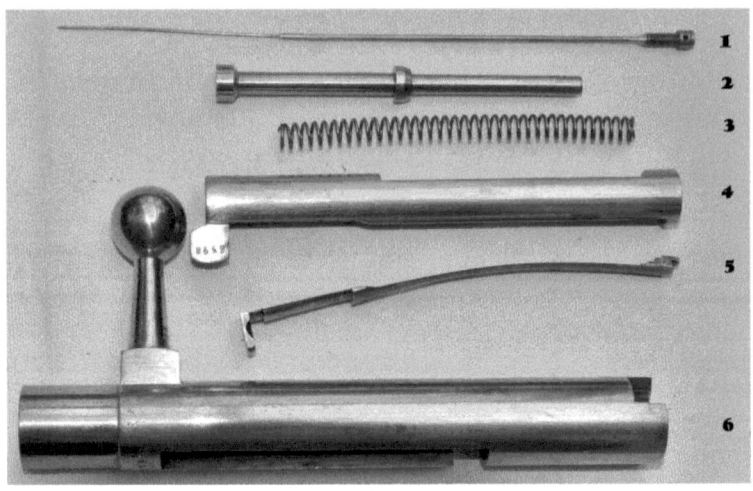

Kammer (Schloss) eines Infanteriegewehrs (nicht aptiert), zerlegt. 1: Nadel, 2: Nadelbolzen (ohne Dichtelement), 3: Spiralfeder, 4: Schlösschen, 5: Sperrfeder, 6: Verschluss

Zur Demontage des Schlösschens wird es auf seine hintere Fläche gestellt, der Nadelträger mit einem geeigneten Werkzeug nach unten gedrückt und die Sperrfeder aus dem Schlösschen genommen. Lässt man nun den Druck langsam nach, kann der Nadelbolzen mit der Nadel und der Feder vorn aus dem Schlösschen genommen werden. Ein Schraubenzieher ist kein geeignetes Werkzeug, man kann damit leicht abrutschen. Dann schnellt die von der Feder getriebene Nadel nach vorn und kann schwere Verletzungen hervorrufen. Besser ist es, zum Eindrücken des Nadelbolzens ein Stück Rohr aus Aluminium oder Messing (Außendurchmesser ca. 8mm) zu verwenden. Das Rohr sollte etwas länger als die Nadel sein und wird zum Drücken des Nadelbolzens über die Nadel geschoben.

Werkzeug, gefertigt aus einem ca.11cm langen Stück Rohr (Außendurchmesser 8mm) und einem Feilenheft

Zu der nach jedem Schießen notwendigen Reinigung muss zwar die Zündnadel (1) nicht aus dem Nadelbolzen (2) geschraubt werden. Soll jedoch gründlich gereinigt werden, sollte man auch die Nadel aus dem Nadelbolzen nehmen, von allen Pulver-Rückständen befreien, am Gewinde leicht einfetten und wieder einschrauben. Auch die Pulverrückstände an und auf der Dichtscheibe müssen entfernt werden.

Danach wird der Lauf gereinigt. Der an der Waffe vorhandene Entladestock ist nicht als Putzstock geeignet. Der Putzstock sollte etwa so lang sein wie Lauf und System zusammen. Das Reinigen des Laufes läuft zweckmäßigerweise so ab:

Vom Patronenlager aus gießt man (möglichst warmes) Wasser durch den Lauf, danach wird der Lauf innen mit einer Bürste gereinigt und mit einem Lappen gewischt. Dieses Verfahren wird so lange wiederholt, bis ein durch den Lauf geschobener Putzlappen sauber bleibt. Danach wird der Lauf, vom Patronenlager aus, mit einem Putzstock und trockenen Putzlappen getrocknet und leicht eingeölt. Soll die Waffe längere Zeit nicht geschossen werden, sollte der Lauf innen dünn(!) eingefettet werden. Vor dem nächsten Schießen muss der Lauf aber noch mindestens einmal gewischt werden, um Öl oder Fett zu entfernen, denn sonst weicht die Trefferlage des ersten Schusses deutlich von der üblichen Trefferlage ab.

Da die damalige Brünierung deutlich dünner ist als die heute üblichen Salzbrünierungen, sollte sie entsprechend vorsichtig behandelt und nicht mit Reinigungsmitteln bearbeitet werden.

Nachdem alle Teile getrocknet sind, werden sie dünn eingeölt bzw. eingefettet.

Wichtig ist auch die Pflege des Schafts. Nach jedem Schießen sollte der Schaft zunächst mit einem leicht(!) feuchten Lappen von anhaftendem Schmutz und Handschweiß gereinigt werden. Nach dem Trocknen wird er dann mit einem weichen Lappen mit (möglichst erwärmtem) Leinöl eingerieben, und zwar so lange, bis das Öl eine gleichmäßig dünne Schicht bildet und zu trocknen beginnt. Anstatt Leinöl kann ohne weiteres auch Walnussöl verwendet werden.

Reines Leinöl oder Walnussöl sind in jedem Supermarkt in der Abteilung für Naturprodukte problemlos beschaffbar.

Ein Zündnadelgewehr anschaffen

Rechtliche Fragen

Waffen mit Nadelzündung, deren Modell vor dem 1. Januar 1871 entwickelt wurde, dürfen von Volljährigen erlaubnisfrei erworben und besessen werden. Die entsprechende Regelung steht im Waffengesetz, Anlage 2, Abschnitt 2 Unterabschnitt 2 Ziffer 1, Punkt 1.9. Ein Neubeschuss ist nur dann notwendig, wenn wesentliche Teile der Waffen nach dem 01.01.1891 verändert oder bearbeitet wurden. Trotz des erlaubnisfreien Erwerbs und Besitzes sind Zündnadelwaffen natürlich Waffen im Sinne des Waffengesetzes, was bei der Aufbewahrung und dem Transport unbedingt beachtet werden muss.

Welches Modell?

Wer sich ein Zündnadelgewehr für das sportliche Schießen kaufen will, sollte seinen Blick vor allem auf die Gewehre M/41, M/60 und M/62 oder auf die Büchse M/65 richten. Zwar gibt es noch weitere Zündnadelgewehre, die sind aber entweder selten (und entsprechend teuer) oder, wie der gerade 80cm lange Karabiner M/57, weniger gut für präzise Schüsse auf 50m oder 100m geeignet.

Gewehr M/41, (2. Ausführung, hier mit Riemen). Länge 142,5cm, Lauflänge 90,7cm, Masse 4,9 kg, Schaft mit Backe

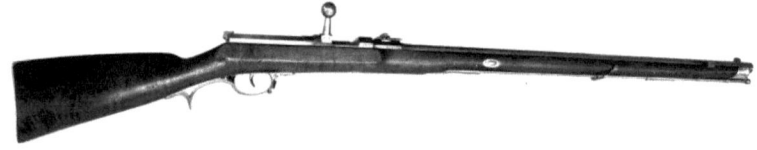

**Füsiliergewehr M/60. Länge 130,5cm, Lauflänge 78,5cm, Lauf
brüniert, Masse 4,7 kg, Schaft ohne Backe**

**Gewehr M/62. Länge 134cm, Lauflänge 83,7cm, Lauf
brüniert, Masse 4,75 kg, Schaft ohne Backe**

**Büchse M/65, Länge 124,5cm, Lauflänge 77,1cm, Lauf und
Systemhülse brüniert, Masse 4,55 kg, Schaft ohne Backe**

Das Gewehr M/62, die Büchse M/65 sowie auch ab
1863 gefertigte Füsiliergewehre M/60 wurden mit
zwei unterschiedlichen Schaftlängen hergestellt, die
sich durch die Stempel K.A (kurzer Anschlag) und
L.A. (langer Anschlag) auf der rechten Seite des Hin-
terschafts unterscheiden lassen. Die Ausführung mit
langem Anschlag hat dabei einen etwa 1,9cm länge-
ren Hinterschaft als die Ausführung mit dem kurzen

Anschlag. Schützen, die um 1.70m groß sind, kommen oft mit der Ausführung mit dem kürzeren Schaft besser klar.

Stehend frei lässt sich das Gewehr M/62 besser anschlagen als das Gewehr M/41. Und auch, wer sein Gewehr links anschlagen muss, ist besser bedient mit Modellen, deren Schaft keine Backe hat.

Was kostet ein Zündnadelgewehr

Nummerngleiche Zündnadelgewehre M/41 oder M/62 kosten im schussfähigen Zustand mehr als 2.000 Euro, Füsiliergewehre M/60 und Büchsen M/65 in gutem Zustand sind teurer. Wem diese Preise hoch erscheinen, der sollte sich daran erinnern, was gute(!) Repliken von Sharps-Hinterladern inzwischen kosten.

Wer sich ein Zündnadelgewehr „nur" zum Schießen anschaffen will, kann, wenn die Funktion der Waffe gewährleistet und der Lauf blank ist, auch zu einer stark überarbeiteten Waffe greifen, denn weder tiefe Schaftstempel noch deutlich sichtbare Abnahmestempel an Lauf und System wirken sich auf die Trefferleistung aus. Sofern die Funktion gewährleistet ist, muss eine „nur" zum Schießen gedachte Waffe auch nicht nummerngleich sein. Nicht nummerngleiche oder stark überarbeitete Waffen werden in der Regel etwas preiswerter angeboten.

Was sollte man beim Kauf beachten

Vor dem Kauf sollte man sich das Gewehr genau ansehen. Weder im Lauf noch im Verschluss sollte es Rost oder Rostnarben geben und der Schaft sollte frei von offenen Rissen oder mürben Stellen sein. Größte Vorsicht ist geboten, wenn der Schafthals (auch reparierte) Risse oder Brüche zeigt. Nicht ohne Grund wurden in Preußen Brüche oder Risse dort nicht repariert, sondern der Schaft wurde ersetzt. Auch bei Holzwurmbefall ist Vorsicht geboten, denn der Schaft kann, auch wenn er außen perfekt aussieht, innen völlig zerstört sein. Natürlich kann ein Restaurator Risse beheben und wurmstichige Schäfte stabilisieren. Aber all das hat seinen Preis, den man beim Kauf eines Gewehrs mit berücksichtigen sollte.

Alle Schauben und Gewinde an Zündnadelgewehren sind im preußischen Zollmaß. Das bedeutet, dass moderne Schrauben und Muttern nicht passen. Ein Restaurator kann natürlich Schrauben im preußischen Zollmaß schneiden und auch fehlende Metallteile nachfertigen. Die dafür notwendigen Kosten sollte man aber beim Kauf gleich mit einplanen.

Häufig ist die Nadel ganz oder teilweise abgebrochen und die Feder ist matt. Das ist unkritisch, denn passende Ersatz-Nadeln und Federn werden z.B. auf Auktionsplattformen wie egun angeboten.

Zudem sollte man wissen, dass bei unterschiedlichen Herstellern auch bei gleichen Modellen die Austauschbarkeit der Teile nicht sicher gewährleistet ist.

Munition für Zündnadelgewehre

Für erste Versuche nutzte die preußische Armee eine Patrone mit einer Kugel als Geschoss. Da deren Leistung auf größere Entfernungen nicht befriedigte, wurde sie nicht offiziell eingeführt.

Offiziell eingeführt waren die Patronen M/47, M/55 (mit dem berühmten „preußischen Langblei") und nach der Beck´schen Aptierung der Zündnadelgewehre die Patrone n/A (neuer Art, auch Patrone M/72). Der Grund für die Einführung einer neuen Patrone war immer, dass das Geschoss eine größere Reichweite und flachere Flugbahn aufwies als sein Vorgänger. Die Präzision im Nahbereich war bei allen eingeführten Patronen etwa gleich.

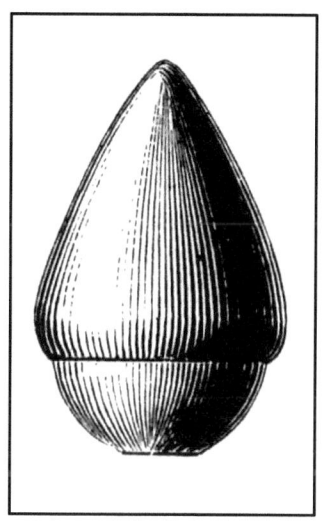

Spitzkugel der Patrone M/47

Patronen für Zündnadelgewehre bestanden (und bestehen) aus einer Hülse aus ungeleimtem Papier der Stärke 0,15mm, der Treibladung aus Schwarzpulver, einem Zündspiegel, der auch die Zündladung (das Zündhütchen) trägt und dem Geschoss. Die Papierhülse wurde über dem Geschoss zusammengedreht und beim Militär dort zusätzlich zugebunden. Die Hülsen wurden, wie die Spiegel, industriell gefertigt. Das für die Hülsenherstellung verwendete Papier war nicht besonders vorbehandelt und auch nicht mit irgendwelchen Substanzen getränkt.

Kernstück aller Patronen war der Zündspiegel. Auf der Oberseite hatte er eine Aushöhlung, deren Form dem hinteren Teil des Geschosses entsprach, hinten eine Aushöhlung für das Zündelement. Der Spiegel der Patrone M/47 war 0,75", bzw. 19,6mm hoch und hatte anfangs einen Durchmesser von 0,6" (15,7mm), später wurde sein Durchmesser auf 16mm vergrößert.

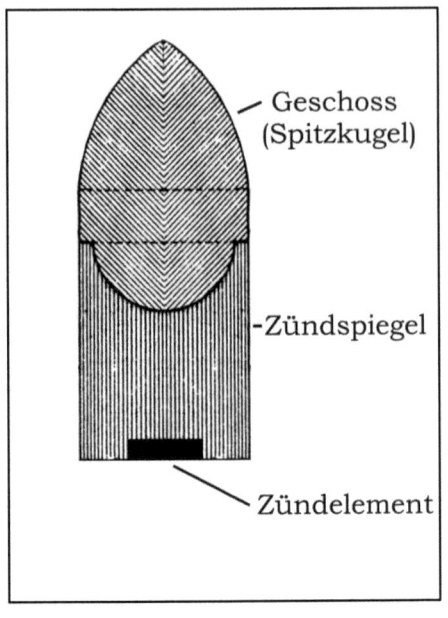

Das Spitzgeschoss der Patrone M/47 hatte einen Durchmesser von 0,61" (etwa 15,95mm), war 0,96" (etwa 25,1mm) hoch und wog etwa 2 Lot (etwa 29,2 Gramm). Es erreichte eine Anfangsgeschwindigkeit von etwa 290m/s.

Die Patrone war ursprünglich mit 4,3 Gramm eines als feinkörnig bezeichneten Pulvers geladen, später wurde die Ladung auf 4,6 Gramm gesteigert. Da Schweizer Schwarzpulver eine höhere Leistung als das damalige preußische Gewehrpulver haben, müsste die Ladung heute weniger als 4,6 Gramm betragen, um eine Patrone mit einer identischen Leistung anzufertigen.

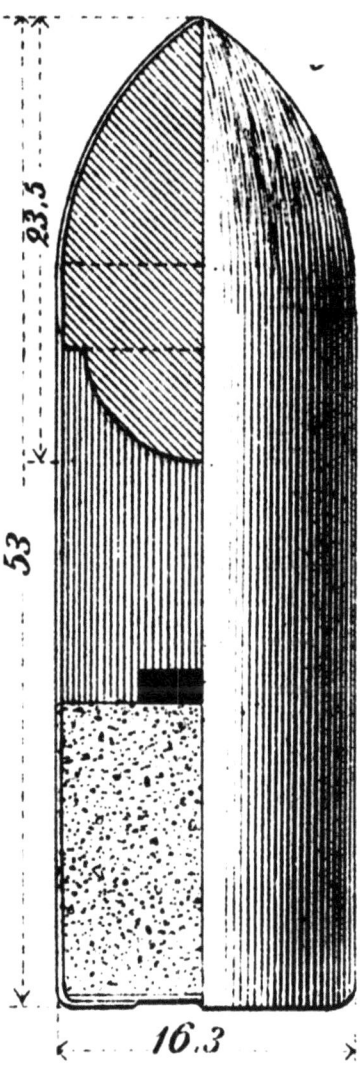

Bemaßte Zeichnung der Patrone M/47

Munition selbst herstellen

Zündnadelpatronen für das sportliche Schießen sind heute genauso aufgebaut wie ihre historischen Vorbilder, haben aber eine geringere Ladung. Für die gebräuchlichen Entfernungen von 50m und 100m wären nachgebaute Militärpatronen unnötig stark. Es spricht auch nichts dagegen, die Munition für die heute üblichen Entfernungen zu optimieren.

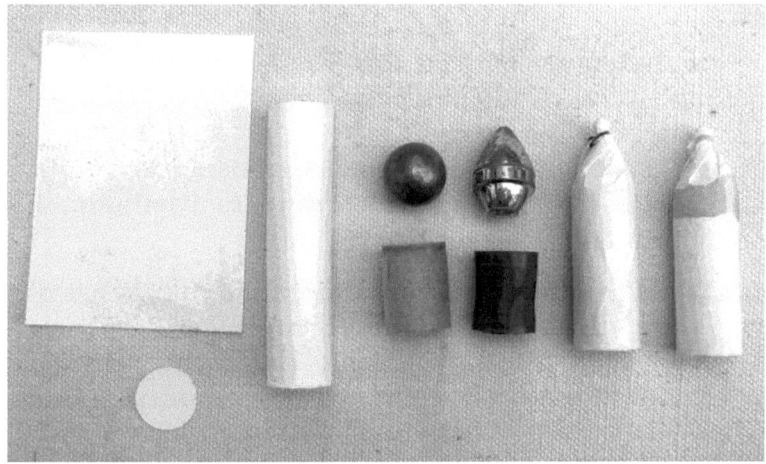

Von links nach rechts: Papier passender Größe zum Wickeln der Hülse, ausgestanztes Bodenstück, fertige Hülse, Kugel, darunter passender Spiegel aus MDF, Spitzkugel, darunter passender Spiegel aus Kunststoff, geschnürte, nicht gefettete Patrone, geschnürte und gefettete Patrone

Als Geschosse eignen sich handelsübliche Bleikugeln im Durchmesser um 16,2mm und Spitzkugeln, für deren Herstellung die Hensel-GmbH eine passende Gießform anbietet. Bei diesen Geschossen dient der Spiegel lediglich zur Aufnahme des Zünders, zur mechanischen Stabilisierung der Hülse sowie zur Trennung von Geschoss und Ladung. Mit der Geschoss-

führung hat er (im Gegensatz zu späteren Patronen-
modellen) nichts zu tun.

Die Herstellung von Zündnadelpatronen erfolgt in 6
Schritten:

1. Hülse aus Papier herstellen.
2. Pulverladung in die Hülse füllen.
3. Zündspiegel in die Hülse setzen, Zündhütchen
   zeigt mit Zündelement zum Pulver.
4. Kugel auf den Zündspiegel setzen.
5. Hülse am vorderen Ende verschließen (verdril-
   len).
6. Fetten der Patrone im Geschossbereich.

Die Hülse

Die Eigenschaften von Papierpatronen werden von
den Eigenschaften des Hülsenpapiers bestimmt. Es
sollte folgende Eigenschaften haben.

1. Es soll beim Schuss verbrennen, möglichst ohne Rückstände zu hinterlassen.
2. Seine Reißfestigkeit sollte eher gering sein.
3. Die Hülse sollte steif und stabil sein.
4. Da die Hülse später im Geschossbereich gefettet wird, soll das Fett außen auf dem Papier
   liegen, das Papier sollte also das Fett nicht
   aufsaugen, denn das würde dazu führen, dass
   das Hülsenpapier am Geschoss festklebt.

Versuche ergaben, dass sich handelsübliches Löschpapier[5] am besten eignet. Das Papier hat mit 0,15mm
etwa die gleiche Stärke wie das damalige Patronenpapier und verbrennt (bis auf die verleimten Hülsenteile)
beim Schuss vollständig. Deshalb sollte man die Größe der verleimten Flächen so gering wie möglich hal-

---

[5] Herlitz, A4-Block zu 10 Blatt, Papierstärke 0,15mm

ten. Nachteilig ist aber, dass Löschpapier Fett auf-
saugt. Wenn gefettet wird, muss die Art der Fettung
an die Eigenschaften des Papiers angepasst werden.

Aus dem Löschpapier-Blatt werden Stücke mit einer
Breite von 56mm und einer Höhe von 75mm ge-
schnitten. Diese Stücke werden über einen Wickelstift
(unten 16mm bis 16,1mm, oben 16,2mm bis 16,3mm
stark) gewickelt und an der Naht mit einem handels-
üblichen Klebestift verleimt.

Beispiel für einen Wickelstift, hier mit Griff

Danach wird ein mit einem Locheisen (16mm) ausgestanztes Bodenstück aus dem gleichen Papier auf den
vorher eingeschnittenen und nach innen gefalteten
Patronenrand geklebt. Nach dem Trocknen sind die
Hülsen fertig zum Laden.

**Das Papier wird um den Stift
gewickelt und die überstehende Kante des Papiers wird
verleimt. Danach wird die
Hülse ca. 5mm weit vom Wickelstift geschoben.**

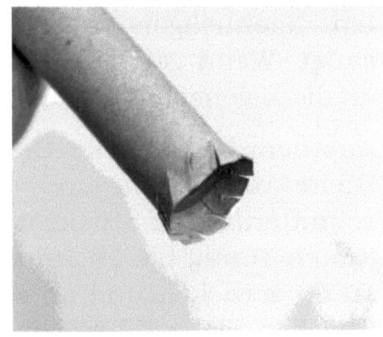

Danach wird das nun unten überstehende Papier mit einer Schere eingeschnitten,

umgebördelt und mit dem Klebstift eingestrichen.

Dann wird auf den Hülsenboden eine Papierscheibe im Durchmesser 16mm gesetzt und mit dem Wickelstab fest angedrückt.

Es empfiehlt sich, Hülsen „auf Vorrat" anzufertigen, denn es dauert ungefähr einen Tag, bis die Hülse wirklich getrocknet ist. Hilfreich beim Laden ist ein Ladebrett. Die Hülsen werden in die Bohrungen des Ladebretts (Durchmesser 18mm, Tiefe etwa 35mm) gestellt und eine nach der anderen mit Hilfe eines Trichters mit dem Pulver gefüllt.

Ein einfaches Ladebrett. Sechs der vierzehn Plätze sind mit leeren Hülsen belegt

Der Zündspiegel

Zündspiegel wurden früher in großen Mengen in Fabriken hergestellt. Dabei wurde zunächst aus mit Leim eingestrichenen Papierstreifen von etwa 2,5cm Höhe ein Rohling gewickelt, der auf einer hydraulischen Presse in seine endgültige Form gepresst und anschließend getrocknet wurde.

Da heute keine solchen Zündspiegel im Handel angeboten werden, muss man sich anderweitig helfen. Natürlich könnte man auch heute Spiegel aus einem verleimten Streifen Packpapier rollen, in ihre Form pressen und dann trocknen. Das Ganze ist aber sehr aufwendig, denn es muss sicher sein, dass die Spiegel immer gleiche Eigenschaften haben. Wichtig für die Präzision des Schusses ist nicht das Material, aus dem der Spiegel besteht, sondern dass alle Spiegel die gleichen Eigenschaften haben.

Neben aus Holz gedrechselten Spiegeln nutzen viele Schützen heute Spiegel aus anderen Materialien. Auf Internet-Auktionsplattformen werden aus MDF (mitteldichte Faserplatten) gesägte, für Kugeln geeignete,

Spiegel angeboten. Die Spiegel haben eine Höhe von ca. 20,7mm und einen Durchmessern von 16,0mm bzw. 16,25mm. Die Adresse des Anbieters findet sich auf Seite 49.

Als Zündelemente können handelsübliche Flügelzündhütchen verwendet werden, die in die Bohrung auf der Unterseite des Spiegels gedrückt werden. Geeignet ist die Sorte No.1081 von RWS; Zündhütchen der Sorte No. 1218 liefern keine besseren Ergebnisse.

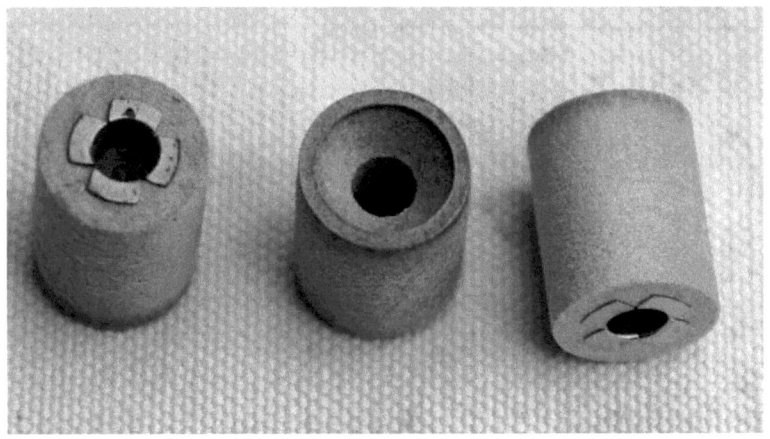

Treibspiegel aus MDF. Das Zündhütchen ist eingesetzt. Deutlich zu sehen: Vorn die Aussparung, passend für die Kugel

Im Rahmen eines Tests (als Vorbereitung für die Serienfertigung) standen auch Spiegel aus Kunststoff für alle früher üblichen Geschossformen zur Verfügung. Als sportlich einsetzbar erwiesen sich dabei schwarze Spiegel für Kugeln und blaue Spiegel für die Spitzkugel (Geschoss M/47). Die Spiegel führten auch nach mehreren hundert Schuss weder zu Veränderungen noch zu Ablagerungen im Lauf.

Das Geschoss

Für das sportliche Schießen geeignet sind die Kugel und die Spitzkugel, denn weder das Langblei noch das erleichterte Langblei treffen auf 50m oder 100m besser als die beiden genannten Geschosse. Auch die Weidmänner nutzten früher für ihre Zündnadelbüchsen die Spitzkugel.

Werden Kugeln verwendet, sollte der Geschossdurchmesser (Kugeldurchmesser plus Papierwicklung der Hülse) höchstens dem Zugkaliber der Waffe entsprechen. Größere Kugeln verbessern die Präzision nicht. Viele Schützen verwenden mit Erfolg Kugeln mit Durchmessern zwischen 16,0mm und 16,25 mm.

Laden der Patrone

Zum Laden wird ausschließlich Schwarzpulver verwendet.

Die Ladungen können einzeln abgewogen oder mit einem für Schwarzpulver geeigneten Füllgerät eingebracht werden.

Für Jagdschwarzpulver und Kugeln sind Ladungen um 55 Grain üblich. Wird Schweizer Pulver verwendet, sollte (etwas) weniger Pulver geladen werden. Der Autor verwendet für seine Patrone Spitzkugeln, blaue Spiegel aus Kunststoff und lädt 51 Grain Schweizer Pulver Nr. 2.

Die verwendete Spitzkugel aus der Hensel-Kokille wiegt etwa 29 Gramm, hat am Gürtel einen Durchmesser von etwa 15,9mm und ist ca. 23mm lang.

Die Patrone ist auf 50m sehr präzise und schießt sich angenehm, ohne für einen deutlichen Rückstoß der Waffe zu sorgen.

Die für die 50m-Distanz optimierten Patronen sind auch auf der Distanz von 100m verwendbar.

Verschließen der Patrone

Nachdem das Geschoss auf den bereits in die Hülse eingebrachten Spiegel gesetzt wurde, wird das Hülsenpapier über dem Geschoss zusammengedreht und die Patrone so verschlossen.

Beim Militär wurde die Patrone noch mit einem dünnen Faden über dem Geschoß zugebunden und das überstehende Hülsenpapier etwa 2mm oberhalb der Schnürung abgeschnitten. Das Zubinden diente vor allem dazu, die Transportsicherheit der Patrone zu gewährleisten.

Man kann auch heute so verfahren, allerdings kann die durch die Schnürung gebildete Kappe über dem Geschoss unter Umständen die Präzision des Schusses vermindern und für Ausreißer in sonst guten Schussgruppen sorgen. Deshalb verzichteten die mit Zündnadelbüchsen ausgestatten Weidmänner[6] früher auf die Schnürung und sorgten auf andere Art für die Transportsicherheit.

Auch sie drehten das Hülsenpapier über dem Geschoss zusammen, allerdings feuchteten sie es danach über dem Geschoss leicht an und drückten es im feuchten Zustand noch einmal an das Geschoss. Nach dem Trocknen wurde das überstehende Hülsenpapier direkt über dem Geschoss abgeschnitten. Das Geschoss saß so ausreichend fest in der Hülse. Dieses Verfahren bewährt sich auch heute und kann anstatt der Schnürung verwendet werden.

---

[6] Zimmer, Adolf: Die Jagd-Feuergewehre. - 2. Auflage. - Darmstadt; Leipzig: Zernin, 1877.

Fetten der Patrone

Das Fett an der Patrone hält die Rückstände im Lauf weich und hilft so mit, eine gleichbleibend gute Präzision zu erreichen. Gut geeignet ist eine Fettmischung aus fünf Teilen Talg und einem Teil Bienenwachs. Früher wurde die Patrone, Spitze voran, bis zum vorderen Ansatz des Spiegels in heißes Geschossfett getaucht. Man kann das Verfahren auch heute so anwenden, allerdings kann gefettetes Papier am Geschoss kleben bleiben und zu Ausreißern führen, wenn Löschpapier als Hülsenmaterial verwendet wird. Besser ist, nur den Teil der Hülse mit geschmolzenem Fett einzustreichen, der die obere Hälfte des Spiegels und den Führungsteil des Geschosses umgibt.

Manche Schützen stellen ihre Patronen zwar auf die beschriebene Art her, fetten die Patronen nicht. Wird die Patrone nicht gefettet, sollte man nach jedem Schuss den Lauf auswischen, um harte Ablagerungen von Pulverrückständen zu entfernen, die der Präzision des Schusses schaden würden.

Viele Schützen sind der Ansicht, dass es die Präzision verbessert, wenn der Lauf, unabhängig davon, ob die Patrone gefettet ist oder nicht, nach jedem Schuss gewischt und so die Pulverrückstände entfernt werden. Gründliche Untersuchungen über den Einfluss des Wischens auf die Präzision fehlen, so dass jeder Schütze hier seine eigenen Erfahrungen sammeln muss. Beim Militär wurde zwischen den Schüssen nicht gewischt, auch nicht während der Schießausbildung.

Munition selbst herstellen – Alternative Methode

Manche Schützen schneiden vor dem Laden die Kappe der Patrone ab, so dass die Spitze der Kugel frei liegt. Das soll eine bessere Präzision bringen.

Andere Schützen wickeln stabile Hülsen aus Packpapier, lassen das Patronenpapier etwa in Höhe des Äquators der Kugel enden und kleben die Kugel mit etwas Wachs am Patronenpapier fest. Außerdem wird die Hülse am unteren Spiegelende mit einem Rändelrad (aus dem Schneidereibedarf) gerändelt. So soll eine höhere Präzision erreicht werden.

Allerdings verbleiben bei so hergestellten Hülsen viele Reste im Patronenlager, die vor dem nächsten Schuss entfernt werden müssen.

Patronen mit eingeklebter Kugel ohne Kappe

Da auch dieses Geschoss nicht gefettet ist, sollte nach jedem Schuss gewischt werden.

Die Idee, vorn freiliegende Kugeln etwa in Höhe des Kugeläquators in die Hülse einzukleben, ist nicht neu, denn auch die Patronen für die Zündnadelrevolver waren so aufgebaut. Allerdings wurde damals die Kugel nicht mit Wachs, sondern mit Gummi Arabicum in die Hülse geklebt, der besseren Haltbarkeit wegen.

Auch für die Hülsenherstellung werden von einigen Schützen andere Papiersorten (z.B. handelsübliches Druckerpapier oder das Papier von Brötchentüten) als das oben vorgeschlagene Löschpapier mit Erfolg verwendet.

Schießen mit dem Zündnadelgewehr

Bevor mit einem Gewehr geschossen (und getroffen) werden kann, müssen kleinere Anpassungen des Visiers an die heute üblichen Entfernungen von 50m und 100m vorgenommen werden, denn die Visiere der Zündnadelwaffen waren auf größere Entfernungen angeschossen.

Bei allen Waffen ist das Korn für die Schussentfernung von 50m zu niedrig und muss um ein bis anderthalb Millimeter erhöht werden. Das lässt sich bei Gewehren M/41, M/60 und M/62 durch Aufkleben dünner Blechstreifen auf das originale Korn leicht selbst erledigen.

Aufgeklebter Blechstreifen auf dem Korn eines Gewehrs M/62

Bei der Büchse M/65 sollte man besser ein neues (höheres) Korn montieren; entsprechende Korne werden angeboten (siehe „Wer liefert was" auf Seite 49).

Da beim Gewehr M/41 die Kimme fest auf den Lauf gelötet ist, sind seitliche Anpassungen an die Trefferlage immer mit einigem Aufwand verbunden. Bei Ge-

wehren M/60, M/62 und der Büchse M/65 ist das
deutlich leichter möglich, denn die Kimmen dieser
Modelle sind im Schwalbenschwanz verschiebbar und
lassen sich so schnell an die Trefferlage anpassen.

Das vielfach noch vorhandene Vorurteil, dass man
mit Zündnadelgewehren nicht präzise schießen könnte, ist falsch. Aber wie in jedem Vorurteil steckt auch
in diesem ein Körnchen Wahrheit. Zunächst: Zündnadelgewehre waren Militärgewehre, keine Scheiben-
büchsen. Man darf ihre Trefferleistung deshalb auch
nur mit anderen zeitgenössischen Militärgewehren
vergleichen. Im Gefecht lag die Hauptwirkungssphäre
des Feuers bei einer Entfernung von etwa 200 bis 250
Schritt. Und auf diese Entfernung war die Treffer-
genauigkeit der Zündnadelgewehre genauso gut wie
die der damals beim Militär verwendeten Vorderlader.

Auf größere Entfernungen waren die nach 1854 eingeführten Gewehre im süddeutschen Kaliber 13,9mm
den Zündnadelgewehren überlegen, denn sie schossen weiter und trafen auf größere Entfernungen besser als die Zündnadelgewehre.

Welche minimale Trefferleistung „amtlich" von jedem
Zündnadelgewehr gefordert wurde, kann man den
Anschuss-Bedingungen[7] entnehmen. Dabei wurde
sitzend aufgelegt mit üblicher Armeemunition geschossen. Zweck des Anschusses war nicht, die mög-
liche Präzision der Waffe zu ermitteln, sondern nur
die Übereinstimmung von Trefferlage und Visierposi-
tion zu überprüfen.

---

[7] Vorschrift für die Umänderung des Verschlusses an den
Zündnadel-Gewehren M/41 und M/62 sowie den Füsilier-Gewehren M/60. – Berlin: 1870.

„Jedes Gewehr, welches auf 100 Schritt hintereinander, also ohne Fehlschuss, oder unter 4 Schuß 3 Strichschüsse auf Standvisier und je ein Strichschuß auf kleine Klappe resp. auf Segment (M/41) ergiebt, ist als durchgeschossen zu betrachten....

Als Strichschüsse gelten alle innerhalb eines 4" *breiten Striches liegenden Schüsse. Kanten-Schüsse werden hierzu nicht gerechnet, sondern zählen als Rechts- resp. Links-Schüsse."*

Verlangt wurde danach, dass auf 75m (100 Schritt), vier von vier nacheinander abgegebenen Schüssen innerhalb eines 10,5cm breiten Streifens lagen.

Das bedeutet für die heute sportlich üblichen Distanzen: Auf 50m müssen die Treffer innerhalb eines 7cm, auf 100m innerhalb eines 14 cm breiten Streifens liegen.

Spiegel aus MDF zerlegen sich beim Schuss, ihre Teile liegen etwa 15 bis 30m vor der Mündung. Die auch erprobten Spiegel aus Kunststoff zerlegen sich nicht und können (sofern man sie auf der Schießbahn wiederfindet) mehrfach verwendet werden. Beim Schuss fliegen sie etwa 40m bis 70m weit. Wenn auf 50m geschossen wird, können in seltenen Ausnahmefällen einzelne Spiegel sogar die Scheibe treffen. Solche „Spiegeltreffer" geben auf der Scheibe kreisrunde, wie ausgestanzt wirkende Löcher, die sich so von „normalen" Treffern (die auf der Scheibe immer Löcher mit etwas „ausgefransten" Rändern ergeben) unterscheiden lassen.

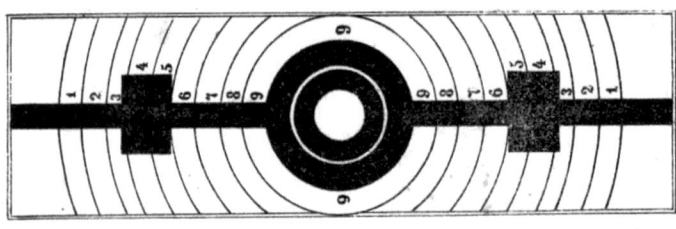

Halte-Tabelle
für Infanterie-Gewehre, Modell 1862

Visir	Schritt	Abkommen auf der Scheibe.	Nr.
Stand-Visir	100.	unteren Anker aufsitzen bis in den unteren Anker	1.
	150.	unteren Anker aufsitzen bis in den unteren Anker	1.
	200.	zwischen unterem Anker und Spiegel bis Spiegel aufsitzen	1.
	250.	Fleck bis Spiegel verschwinden	1.
	300.	oberen Anker aufsitzen bis oberen Anker verschwinden auch kann mit dem Standvisir auf 350 Schritt geschossen werden, wenn man auf dem oberen Scheibenrand hält.	1.
Kleine Klappe	350.	unteren Anker bis Spiegel aufsitzen	3.
	400.	Spiegel aufsitzen bis Spiegel verschwinden	3.
	450.	oberen Anker bis oberen Scheibenrand	3.
	500.	oberen Scheibenrand bis 2 Fuss über die Scheibe	3.
Hohe Klappe	500.	2 Fuss unter die Scheibe bis Scheibe aufsitzen	3.
	550.	zwischen unteren Anker u. Spiegel bis Spiegel aufsitzen	3.
	600.	oberen Anker bis oberen Scheibenrand	3.
Hohe Klappe aufgerichtet	650.	3 bis 1 Fuss unter die Scheibe	3.
	700.	1 Fuss unter die Scheibe bis unteren Anker	3.
	750.	unteren Anker bis oberen Anker	3.
	800.	2 bis 4 Fuss über der Scheibe	6.

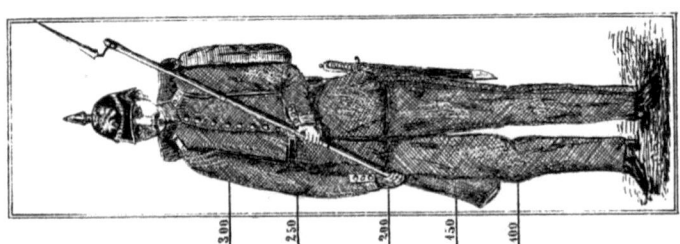

Originale Halte-Tabelle aus einem militärischen Schießbuch

Wer liefert was

Aufgeführt sind nur die Namen und Adressen, die dem Autor bekannt sind. Ist jemand hier nicht aufgeführt, ist das keine Wertung, sondern bedeutet lediglich, dass dem Autor die Adresse unbekannt war.

Degenhardt, Rainer: Herstellung und Verkauf von Zündspiegeln aus MDF; Kugeln, Zündnadeln mit preußischem Gewinde, Hülsen, Spiralfedern, Kornerhöhungen sowie Hilfe und kleine Reparaturen an Zündnadelgewehren.
Rainer Degenhardt
Wolfhagerstr. 26
34308 Bad Emstal
rainerdegenhardt@hotmail.de

Demuth, Maik: Herstellung und Verkauf von Kunststoff-Zündspiegeln, Anfertigung von Kokillen.
Firma Maik Demuth
Thomas-Müntzer-Str. 20
99826 Hallungen
0179-688 46 69   rp1@gmx.com

Peters, Gerhard: Beratung zu Zündnadelgewehren, Herstellung und Verkauf eines Systems zur nachträglichen Aptierung von Zündnadelgeweren.
Gerhard Peters
Gustav-Weißkopf-Straße 13
91578 Leutershausen
Tel.: 09823 926 881

Literatur

Finze, Wolfgang: Preußische Zündnadelgewehre in Deutschland 1861-1871 und die Aptierung nach Beck - Leitfaden für Sammler. – Norderstedt: BOD, 2018. ISBN 13: 978-3744894135

Finze, Wolfgang: Preußische Zündnadelgewehre: Leitfaden für angehende Sammler und Schützen. – Norderstedt: BOD, 2016. ISBN 13: 978-3739201085

Geschäfts-Instruktion für die bei den Gewehrfabriken einzurichtenden Werkstätten für die Aenderung des Verschlusses an Zündnadelwaffen v. 01.12.1871. – Berlin: 1871.

Instruktion über das Scheibenschießen der mit Zündnadelgewehren bewaffneten Infanterie-Bataillone, Berlin 02.11.1864. – Berlin: 1864.

Leitfaden zum Unterricht in der Kenntniß und Behandlung des Zündnadel-Gewehrs M./41, M./60 und M./62 betreffend. Nebst einem Anhange das Schießen und die Anwendung des Zündnadel-Gewehrs. – Berlin: 1872.

Nachtrag zum Leitfaden zum Unterricht in der Kenntniß und Behandlung des Zündnadel-Gewehrs M./41,... betreffend die aptierten Zündnadelwaffen. – Berlin: 1872.

Rüstow, Cäsar: Die neueren gezogenen Infanteriegewehre. – Leipzig; Darmstadt: Zernin, 1862.

Schott: Grundriss der Waffenlehre. - 3. Auflage. - Leipzig; Darmstadt: Zernin, 1876.

Vorschrift für die Umänderung des Verschlusses an den Zündnadel-Büchsen M/65 vom 06.02.1872. - Berlin: 1872.

Vorschrift für die Umänderung des Verschlusses an den Zündnadel-Gewehren M/62 sowie den Füsilier-Gewehren M/60. – Berlin: 1871.

Vorschrift zur Fertigung der Patronen für Zündnadel-Schießwaffen. - Berlin: 1861.

Weygand: Infanterie-Präzisionswaffen. - Leipzig: Buchhandlung für Militairwissenschaften, 1872.

Zimmer, Adolf: Die Jagd-Feuergewehre. - 2. Auflage. - Leipzig; Darmstadt: Zernin, 1877.